세계사와 지리가 보이는
특급 기차 여행

샘 세지먼 글 · 샘 브루스터 그림 | 서남희 옮김

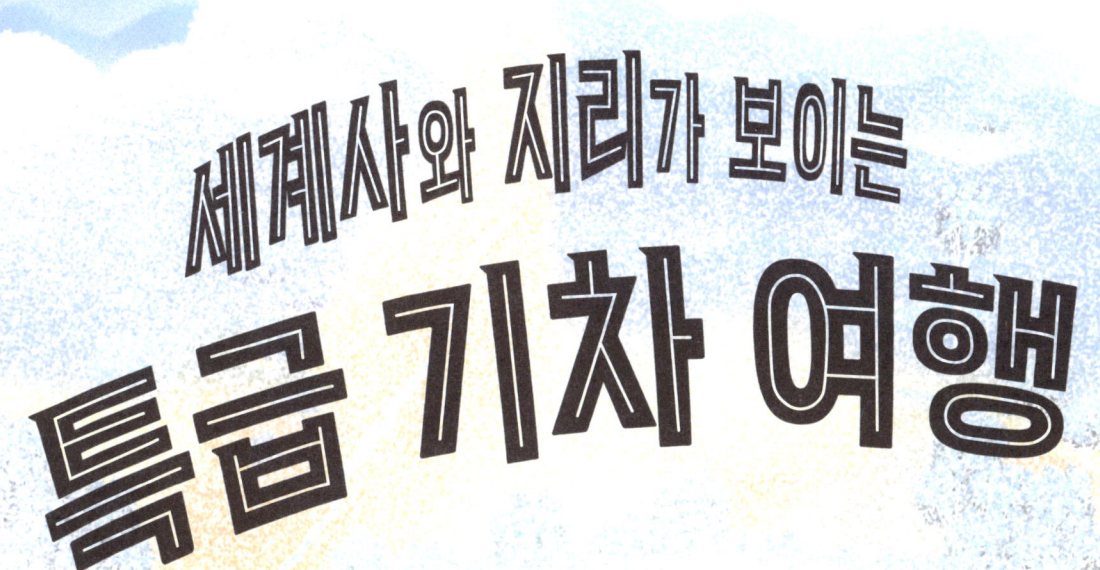

내게 여행을 가르쳐 주신 부모님께 – 샘 세지먼

세계사와 지리가 보이는 특급 기차 여행

1판 1쇄 찍음 – 2022년 8월 4일, 1판 1쇄 펴냄 – 2022년 9월 10일
지은이 샘 세지먼 그린이 샘 브루스터 옮긴이 서남희 펴낸이 박상희 편집장 전지선 편집 최민정 디자인 김혜림
펴낸곳 (주) 비룡소 출판등록 1994. 3. 17.(제16-849호) 주소 06027 서울시 강남구 도산대로1길 62 강남출판문화센터 4층
전화 영업 02)515-2000 팩스 02)515-2007 편집 02)3443-4318,9 홈페이지 www.bir.co.kr
제품명 어린이용 각양장 도서 제조자명 Wing King Tong Printing Ltd. 수입자명 (주) 비룡소 제조국명 중국 사용연령 3세 이상

EXPLORE THE WORLD: EPIC ADVENTURES by Sam Sedgman
First published 2022 by Macmillan Children's Books, an imprint of Pan Macmillan
Text copyright © Sam Sedgman 2022
Illustration copyright © Macmillan Publishers International Ltd 2022
All rights reserved.
Korean Translation Copyright © 2022 by BIR Publishing Co., Ltd.
Korean edition is published by arrangement with Macmillan Publishers International Limited through EYA Co., Ltd.
이 책의 한국어판 저작권은 EYA Co., Ltd.를 통해 저작권사와 독점 계약한 (주) 비룡소에 있습니다.
저작권법에 의해 한국 내에서 보호를 받는 저작물이므로 무단 전재와 무단 복제를 금합니다.
ISBN 978-89-491-8958-1 73900

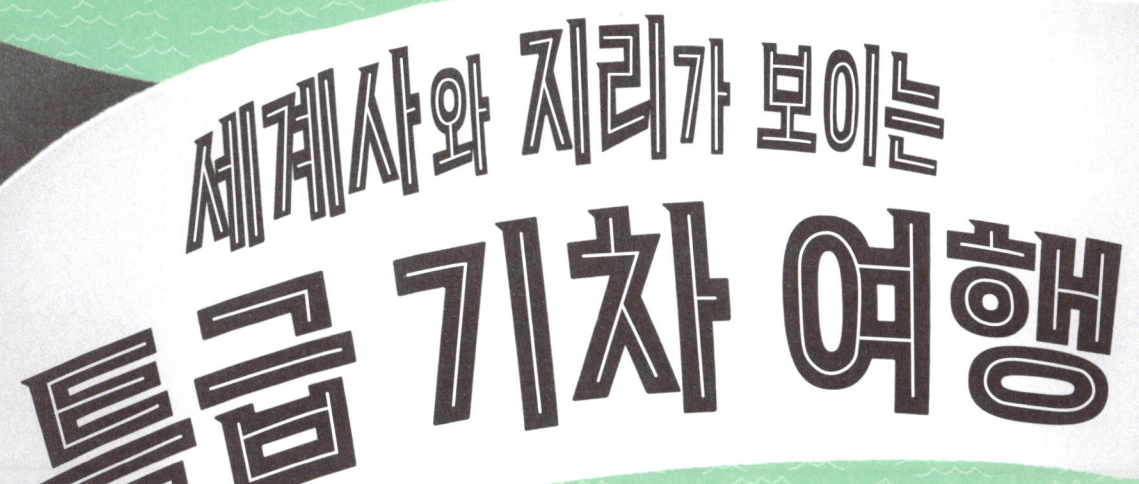

세계사와 지리가 보이는
특급 기차 여행

샘 세지먼 글

샘 브루스터 그림 | 서남희 옮김

비룡소

모두 기차 타고 출발!

기차 여행만큼 신나는 게 있을까요?

약 200년 전부터 기차는 칙칙폭폭, 철커덕철커덕, 쉭쉭거리며 지구 곳곳을 다니고 있어요. 북적이는 도시와 작은 마을에서 기차에 오른 승객들은 창밖으로 스쳐 지나가는 세상을 물끄러미 바라보며 구경하지요.

세상은 참 멋져요. 기차는 거센 물살을 거슬러 오르는 연어를 회색곰이 낚아채는 울창한 숲을 가로질러요. 덜컹덜컹 기차 소리에 고대 사원 옆 나무에서 벚꽃이 흩날려요. 숨이 턱턱 막히는 더운 사막의 깊은 광산에서 금을 운반하기도 해요. 기차는 산자락에 있는 터널로 뛰어들고 바다 위 다리로 휙 날아올라요. 우리를 학교와 직장에 데려다주고, 가족과 친구들을 만나게 하고, 모험에 뛰어들게 해요. 기차는 우리를 집에 데려다주지요.

기차가 지나는 모든 철도에는 저마다 이야기가 있어요. 그 노선은 왜 건설했을까요? 누가, 왜 지나다닐까요? 이 책을 펼치면 세상에서 가장 특별한 12가지 기차 여행을 경험하고, 철도 하나하나에 담긴 이야기를 찾아낼 수 있을 거예요. 세계 여러 나라 사람들은 어떻게 살며 어떻게 여행하고 있을까요? 여러 나라들이 전쟁과 전투, 무역과 사업을 통해 지금의 모습을 갖추는 데 철도는 어떤 영향을 미쳤을까요? 사람의 손으로 풍경 속에 새겨 놓은 위대한 건설물은 무엇일까요?

첨단 기술을 자랑하며 도시 사이를 몇 시간 안에 총알처럼 달리는 기차도 있어요. 끝없이 이어지는 들판이나 숲, 또는

기차 여행은 이 넓은 세상만큼이나 다양하지요.

사막을 뚫고 수천 킬로미터나 덜커덩거리며 밤낮으로 오래오래 달려 마침내 목적지에 닿는 기차도 있지요. 우아하고 호화로운 기차도 있고, 사람들이 꽉 들어차 시끌벅적한 기차도 있어요. 이 모든 기차 여행은 저마다 독특해요.

이 책은 기차와 철도에 대한 정보뿐 아니라 엄청나게 많은 것을 담고 있어요. 기차를 타고 세계를 탐험하면서 다양한 사람들과 나라와 도시, 음식, 동물, 관습, 문화를 속속들이 알 수 있답니다!

이 책에 나오는 기차들은 오래전부터 있던 것들도 있지만, 대부분은 최근에 처음으로 달리기 시작했어요. 그리고 모든 노선과 선로, 역은 실제로 있는 것이랍니다.

우리가 만날 12가지 기차 여행에는 기차가 지나가는 멋진 장소들을 한눈에 보여 주는 철도 지도와 생생한 차창 밖 풍경이 실려 있어요. 또한 기차와 철도에 관한 아주 특별한 사실들을 빼곡히 담은 페이지도 있지요.

이 책에서는 매혹적인 볼거리들이 불쑥불쑥 튀어나와요. 그러니까 눈을 크게 뜨고 차근차근 즐겨 보세요.

세상이 여러분을 기다리고 있어요! 자, 모험을 떠날 준비가 되었나요? 그럼 기차에 오르세요!

샘 세지먼

차례

4	모두 기차 타고 출발!
8-11	유로스타
12-15	로보스 레일
16-19	도카이도 신칸센
20-21	대단한 건설 기술
22-25	북극권 야간열차
26-29	벨몬드 안데스 익스플로러
30-33	캘리포니아 제퍼
34-35	철도로 이루어진 나라
36-39	시베리아 횡단 열차
40-43	더 간
44-47	에이시 특급 열차
48-49	유령역
50-53	푸싱하오
54-57	심플론 오리엔트 특급 열차
58-61	캐나디안
62-63	특급 기차 여행은 계속됩니다.
64	다음 역!

영국

유로스타
런던 - 암스테르담

런던
2000년 전 로마인들이 세운 런던은 세계적으로 부강한 도시이자, 식민지가 많았던 옛 영국의 심장부였어요. 한때 세계에서 가장 인구가 많았던 도시로, 수많은 사람을 실어 나르기 위해 세계 최초로 지하철을 건설했지요. 오늘날 런던은 다양한 문화가 어우러져 있기로 세계에서 손꼽히는 도시예요.

 런던

템스 장벽은 해일 때문에 런던에 홍수가 나지 않도록 템스강에 세웠어요.

도버의 백악 절벽은 회백색의 부드러운 석회질 암석이에요. 영국을 상징하는 곳으로, 여객선을 타고 바다를 건널 때 눈에 확 띄지요.

도버

채널 터널은 세계에서 가장 긴 해저 터널이에요.

샘파이어 호 자연 보호 구역은 채널 터널을 만들 때 파낸 2백만 톤가량의 흙으로 바다를 메워 만들었어요.

영국 해협은 세계에서 배로 오가는 짐이 가장 많은 곳이에요.

1910년에 프랑스 기차역 승강장에서는 키스하는 것이 금지됐어요. 달콤한 작별 인사가 너무 많아 기차가 제시간에 출발하기 힘들었거든요.

섬나라인 영국은 건설 기술의 걸작인 채널 터널을 통해 유럽 대륙과 연결되어 있어요. 런던에서 암스테르담으로 가는 유로스타 고속 철도는 채널 터널을 통해서 영국과 네덜란드 두 나라의 심장부를 몇 시간 안에 연결하지요. 유럽에서 가장 붐비는 이 구간의 비행기 대신 유로스타를 타면 훨씬 깨끗하고 편안하게 갈 수 있어요.

암스테르담

암스테르담은 유럽에서 가장 큰 항구예요.

바다나 호수를 둘러막고 물을 빼내어 만든 땅을 간척지라고 해요. 네덜란드에서는 둑을 만들고, 풍력 펌프로 바닷물을 퍼내 간척지를 만들었어요.

네덜란드

로테르담

델타 사업은 네덜란드를 홍수로부터 보호하기 위해 하천 정비 시설을 세우는 일이에요. 수십 개의 댐과 수문을 만들었고, 현대 건설의 세계 7대 불가사의로 꼽혀요.

델타 사업

네덜란드는 '낮은 곳에 있는 땅'이란 뜻이에요. 나라의 절반이 해수면보다 1미터 낮은 곳에 있거든요. 또 땅이 평평해서 자전거의 인기가 높아, 사람보다 자전거가 더 많을 정도죠.

암스테르담

네덜란드의 수도인 암스테르담은 늪지대에 세워졌어요. 땅속에 박힌 수많은 기둥이 도시를 지탱하고 있지요. 1200개가 넘는 다리들이 서로 연결된 이 도시에는, 이탈리아의 베네치아보다 운하가 더 많아요. 17세기에는 암스테르담이 세계에서 가장 부유한 도시였어요.

오늘날 네덜란드의 모든 기차는 풍력으로 달려요!

안트베르펜

안트베르펜은 세계 다이아몬드 무역의 중심지예요.

네덜란드의 별명은 '세계의 꽃집'이에요. 전 세계 꽃 구근의 80퍼센트를 키우거든요.

벨기에에는 제1차 세계 대전에서 전사한 여러 나라 군인들을 기리는 묘지가 수백 곳이나 있어요.

벨기에

브뤼셀
브뤼셀은 유럽의 정치 중심지예요. 유럽 연합(EU) 본부가 있거든요.

릴

프랑스

벨기에 사람들은 롤러스케이트와 색소폰을 발명했어요. 그리고 감자튀김의 원조가 벨기에라고 주장해요. 그 나라에선 마요네즈를 찍어 먹지요.

유로스타 여행(런던-암스테르담)
거리: 355km
시간: 3시간 52분
최고 속도: 320km/h

9

채널 터널

현대식 터널을 지을 때는 화약 대신 티비엠(TBM)이라는 대형 회전식 터널 굴착기를 이용해요. 뱀처럼 생긴 기다란 기계인데, 앞쪽 굴착부의 회전 이빨로 하루에 굴을 10미터씩 뚫어요. 뒤에 있는 컨베이어 벨트로 앞에서 파낸 흙이나 돌조각을 공사장 맨 뒤로 보내고, 새로 판 굴의 벽에는 커다란 고리를 넣어 지지하지요.

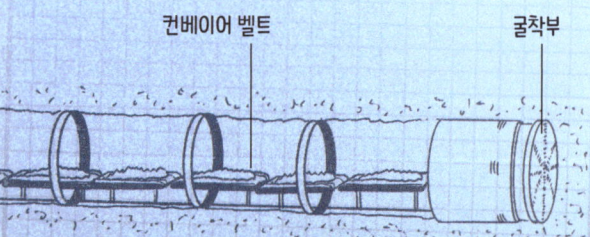

컨베이어 벨트 굴착부

브리지트

프랑스인은 티비엠(TBM)을 각각 브리지트, 유로파, 카트린, 비르지니, 파스칼린, 세브린이라고 불렀어요. 터널을 다 만든 뒤에는 해체해서 박물관에 보관했고요. 영국의 티비엠(TBM)은 이름도 없었고, 터널 완공 뒤 두 대는 파묻히고 말았어요. 지금도 땅속에 그대로 있지요!

터널을 파는 사람들은 지하에서 방향을 알아내기 위해 자이로세오돌라이트라는 기계를 사용했어요. 이 기계는 자이로스코프라는 회전 장치의 회전축이 항상 같은 방향을 가르키는 성질을 이용해 만들었어요.

터널을 파는 동안 해저 밑에서 대형 화석들이 많이 발견되었어요. 9500만 년이나 된 것들도 있었어요.

유로스타는 런던을 프랑스, 벨기에, 네덜란드의 도시들과 연결해요. 기차를 타면 유럽의 거의 모든 곳에 갈 수 있지요.

여객 열차, 화물 열차, 셔틀 열차 등 매일 500여 대의 기차가 터널을 통과해요.

아비뇽

파리

기차의 길이는 약 400미터예요. 작원들은 기차 이 끝에서 저 끝까지 자전거로 이동하며 점검해요.

기관사는 선로 주변의 신호들을 볼 수 없어요. 대신 운전실 안에 있는 모니터로 깜박거리는 신호를 보지요.

1987년에 영국 해협 아래로 터널을 파 들어가기 시작했고, 1994년에 터널을 개통했어요. 당시로서는 가장 크고 비용이 많이 드는 공사였죠. 철도 터널이 두 개가 있고, 그 사이에 점검과 수리에 사용하는 작은 터널이 있어요.

1990년 12월 1일

프랑스와 영국은 동시에 터널을 팠어요. 양국의 작업자들이 각각 십여 킬로미터 넘게 한참을 파고 해저 밑에서 만나 악수했지요. 그때 두 터널은 겨우 몇 센티미터만 어긋나 있었답니다!

다르에스살람

글로리오사는 잠바브웨를 상징하는 꽃이에요.

증기가 필요해!

사막에는 물이 귀해요. 그래서 아프리카의 증기 기관차에는 증기를 뿜뿜 내뿜게 재활용하는 특별한 보일러가 있어요. 거대한 증기 기관차인 클래스25는 배고프고 용광로에 석탄을 가득 먹여, 한 번도 서지 않고 스팀과 화물을 최대 800킬로미터까지 실어 나를 수 있었지요.

아프리카 동부 해안에 사는 야자집게는 (달빛 및 크램) 세계에서 가장 크게요.

모잠비크

느리게 자라는 음핑고(아프리카 흑단)는 음악 나무로 알려져 있어요. 목관 악기의 재료로 아주 좋거든요.

탄자니아

잠비아의 뜨거운 햇볕 아래에서 뼈도 녹아 버릴 것 같아, 꿀꺽꿀꺽

말라위

치솜바 폭포

타자라 철도

탄자니아의 다르에스살람에서 잠비아의 카피리음포시까지 가는 철도는 1970년대에 중국의 도움으로 만들었어요. 대륙 한가운데 있는 잠비아의 구리를 아시아로 수출하려고요. 구리는 주로 전선을 만드는 데 쓰는 비싼 금속이에요.

카피리음포시

타자라 철도

카리바 호

카리바호는 세계에서 가장 큰 인공 호수 중 하나예요. 호수 속 물째기에는 나무들이 아주 많이 잠겨 있어요.

잠비아의 흰개미는 최대 10미터까지 집을 쌓아 올려요!

잠비아

루사카

빅토리아 폭포

짐바브웨

불라와요

림포푸강

왕게 국립 공원

보츠와나

아프리카에서 쓰는 언어는 약 2000개예요. 전 세계 언어의 3분의 1에 이르죠. 다르에스살람은 아랍어로 '평화의 집'이란 뜻이에요. 빅토리아 폭포는 토자어로 '모시 오아 툰야'라고 해요. '천둥처럼 울려 퍼지는 연기'란 뜻이죠.

빅토리아 폭포의 이름은 영국의 탐험가 데이비드 리빙스턴이 영국 빅토리아 여왕의 이름을 따서 지은 거예요. 관광객들이 물보라를 느낄 수 있게 폭포 가까이에 철교를 세웠어요.

로보스 레일

다르에스살람 – 케이프타운

유럽의 몇몇 나라들은 수백 년 동안 남부 아프리카를 차지하려 서로 다투면서 철도를 만들었어요. 구리와 금 같은 귀중한 자원을 빼앗아 가려면 철도가 꼭 필요했거든요. 19~20세기에 영국, 네덜란드, 포르투갈, 독일이 만든 철도는 지금도 남아 있어요. 이 철도들을 이용해 아프리카를 가로지르는 로보스 레일을 타면, 탄자니아의 다르에스살람에서 남아프리카 공화국의 케이프타운까지 갈 수 있어요. 물보라가 이는 폭포와 야생 동물들이 어슬렁거리는 무더운 사바나를 지나 아프리카 최남단까지 가는 모험을 할 수 있지요.

로보스 레일 여행
(다르에스살람–케이프타운)
거리: 5800km
시간: 15일
지나는 나라: 5개

프리토리아

에스와티니

요하네스버그
요하네스버그에는 남아프리카에서 가장 큰 내륙 항만인 시티 딥이 있어요. 내륙 한가운데, 육지의 도로나 철도를 바다로 이어 화물을 운반하는 북합 터미널이에요.

레소토
남아프리카 공화국에는 의사, 치과 의사, 안경사를 신고 시골 마을들을 찾아가는 펠로페파 기차가 있어요. 펠로페파는 좋고 깨끗한 건강 상태란 뜻이에요.

펠로페파 기차

가보로네

빅홀

킴벌리
킴벌리는 오늘날 '빅 홀'이라고 불리는 커다란 다이아몬드 광산 주변에서 뻗어 나간 도시예요.

남아프리카 공화국

오렌지강

그케베라
남아프리카 공화국 해안 바로 앞에 펼쳐진 인도양에 동물 구경 갔다가 여기서 6월부터 11월까지 2주마다 열리는 3종류의 돌고래를 볼 수 있어요.

카루 국립 공원

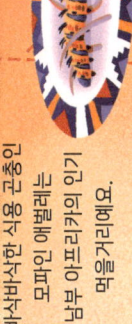

마셰산의 식용 곤충인 모파네 애벌레는 남부 아프리카의 먹거리예요.

케이프타운

★ 케이프타운
남아프리카 공화국의 '어머니 도시'로 알려진 케이프타운은 네덜란드인들이 아시아로 긴 항해를 할 때 잠시 머무르려고 세운 곳이에요. 나중에는 영국의 통치를 받게 되었죠.

영국인들은 스코틀랜드에서 만든 수많은 증기 기관차를 배에 실어 케이프타운으로 보냈어요. 몇몇 배가 침몰하는 바람에 아직도 바닷속에 가라앉아 있는 기관차도 있답니다.

아프리카 사파리

치타는 세계에서 가장 빠른 동물이에요. 시속 112킬로미터로 달릴 수 있어요.

스프링복은 남아프리카 공화국을 상징하는 동물이에요. 스프링복이 네 발로 하늘 높이 2미터나 펄쩍 뛰어오르는 것을 '프론킹'이라고 해요.

기린의 혀는 너무 길어서 귀도 깨끗이 닦을 수 있을 정도예요. 푸른빛을 띤 색깔 덕분에 혀가 햇볕에 화상을 입지 않는 것지도 몰라요.

아프리카에서 가장 큰 뱀은 아프리카비단뱀이에요. 영양만큼 큰 동물도 꿀꺽 삼켜요.

사자는 하루에 20시간까지 늘어지게 자기도 해요.

코뿔소는 진흙탕에서 뒹굴거려요. 이렇게 하면 몸도 시원해지고, 벌레에게 물리지 않거든요. 아프리카에 사는 흰코뿔소의 무게는 3000킬로그램이 넘기도 해요.

카멜레온은 체온을 조절하기 위해 몸의 색을 바꿀 수 있어요.

보츠와나

대부분이 칼라하리 사막인 보츠와나는 약 20만 년 전에 지금 인류와 같은 종인 현생 인류가 처음 살았던 곳이라고 해요. 10만 년 전 동굴 벽화와 여러 암각화(바위그림)가 발견되었지요.

검은맘바는 세계에서 가장 위험한 뱀으로 꼽혀요. 아주 빠르고 공격적이며 독성도 매우 강해요.

아프리카 사파리에서 꼭 봐야 할 동물 빅 파이브(Big 5)는 사자, 표범, 코뿔소, 코끼리, 아프리카들소예요. 옛날에 이 동물들은 사냥하기 가장 어려운 동물들로 꼽혔거든요. 오늘날 관광객들도 여전히 이들을 찾고 싶어 하지요.

사파리는 스와힐리어로 '여행'이란 뜻이에요.

날지 못하는 타조는 지구에서 가장 큰 새예요. 세계에서 가장 큰 알을 낳지요.

코끼리는 몇 킬로미터 떨어진 곳의 물 냄새도 맡을 수 있어요. 길고 예민한 코는 무려 4만 개쯤 되는 근육으로 이루어졌는데, 힘이 엄청나서 나무도 부러뜨릴 수 있고, 아주 섬세해서 잔가지도 집어 올릴 수 있어요. 수영할 때는 코로 스노클링을 하지요.

하마는 세계에서 가장 위험한 포유류 중 하나로, 해마다 수백 명을 죽일 정도로 공격적이에요. 하마는 눈, 귀, 콧구멍이 머리 꼭대기에 있기 때문에, 나머지 몸이 물속에 있어도 보고 듣고 숨을 쉴 수 있어요.

아프리카들소는 앙갚음을 한다고 해요. 자신에게 해를 입힌 사람들을 몇 년이 지난 뒤에도 잊지 않고 공격한대요.

대형 동물 사냥

불법 사냥을 밀렵이라고 해요. 밀렵 때문에 많은 동물이 위험에 빠졌어요. 뿔과 엄니 때문에 코뿔소와 코끼리를 사냥하지요. 코끼리 엄니를 상아라고 하는데, 전에는 사람들이 이것으로 피아노 건반과 장신구를 만들었어요. 코뿔소 뿔을 갈아 약으로 먹는 사람들도 있구요. 뿔은 사람 손톱과 같은 케라틴으로 이루어졌으니, 차라리 손톱을 씹는 게 나을지도 모르죠.

표범은 홀로 다니는 동물이에요. 나무에 발톱 자국을 내고, 똥과 오줌으로 영역을 표시해서 다른 표범들에게 다가오지 말라고 경고하지요.

도카이도

신칸센은 총알 모양으로 생겼어요. 그래서 더 빠르고, 터널로 돌진할 때 나는 굉음도 줄일 수 있지요.

신칸센은 전용 특별 선로로 달리기 때문에 다른 기차들이 지나가도록 속도를 늦출 필요가 없어요. 산에 터널을 뚫어 선로를 만들었기 때문에 심하게 휜 부분이 없고, 지진에도 안전한 내진 설계가 된 레일은 사이가 넓어요. 최초의 신칸센은 시속 210킬로미터로 달렸어요. 다른 기차보다 두 배나 빨랐지요.

일본에는 어디에나 자판기가 있어요. 달걀, 수프, 셔츠, 우산, 기저귀, 심지어 자동차까지 거의 모든 것을 팔아요!

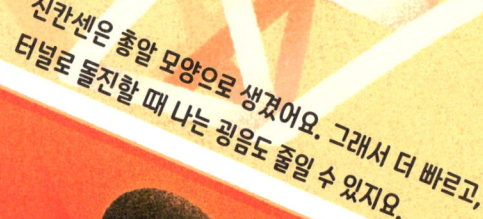

일본에서는 걸어 다니거나 서서 음식을 먹고 마시면 바람직하지 않게 여겨요. 기차에서도 마찬가지예요. 신칸센 같은 장거리 열차에서는 음식을 먹어도 되지만, 그래도 냄새가 심하거나 부스러기가 많이 떨어지는 것을 먹거나 쩝쩝거리며 먹으면 안 돼요.

일본의 철도는 정확하기로 유명해요. 기차가 5분 이상 늦으면, 승객들은 회사나 학교에 낼 '지연 증명서'를 받지요!

포스교

영국 스코틀랜드를 상징하는 이 철도교는 포스만을 가로지르고 있어요. 기둥 3개가 약 2530미터나 되는 다리를 지탱하고, 기둥과 기둥 사이는 무려 521미터나 되지요. 2011년에 다리에 특수 코팅을 하기 전까지는 붉은색을 유지하기 위해 끊임없이 페인트를 칠해야 했어요.

대단한 건설 기술

엘블롱크 운하

폴란드에 있는 엘블롱크 운하의 배들은 경사로에 이르면 수륙 양용 차량으로 바뀌어요. 운반대 위로 이동해 수로의 가파른 부분을 연결한 철도로 오르락내리락하지요.

고트하르트 바시스 터널

알프스산맥의 고트하르트 바시스 터널은 길이가 약 57킬로미터로, 세계에서 가장 긴 철도 터널이에요. 스위스와 이탈리아를 잇는 이 터널은 양쪽 출입구가 너무 멀어 통과 전과 통과 후의 날씨가 전혀 달라지기도 해요.

다우슈베쓰 다리

'유령 다리'라는 별명이 있는 일본의 다우슈베쓰 다리는 지금은 사용되지 않는 철도교예요. 해마다 5월에 근처의 댐이 강의 흐름을 조절하면 물에 잠겼다가 1월에 다시 모습을 드러내지요.

그랜드 센트럴 역

미국 뉴욕의 그랜드 센트럴 역은 세계 어느 기차역보다 승강장이 많아요. 무려 44개지요. 이 역은 장대하면서도 우아하기로 으뜸이에요. 또한 굴 전문 식당인 오이스터 바와 천장의 황금색 12궁 별자리 그림으로 유명해요.

세계의 철도에는 신기하고 아름다운 건축물과 눈이 휘둥그레지는 건설 기술이 가득해요. 전 세계에서 가장 빼어나고 흥미로운 철도 관련 건설물들을 알아볼까요?

칭짱 철도

세계에서 가장 높은 곳에 있는 칭짱 철도는 해발 5072미터까지 올라가요. 공기 중의 산소가 절반으로 뚝 떨어지는 높은 고도에서도 연료를 태울 수 있는 특수 디젤 기관 덕분에 기차는 매우 빨리 달릴 수 있어요. 고산병이 있는 승객을 돕기 위해 의사도 항상 함께 타지요.

구름 열차

칠레 해안에서 아르헨티나의 살타를 잇는 철도의 동쪽을 달리는 구름 열차는 해발 4220미터에 있는 장엄한 라폴보리야 육교를 건너가요.

외레순선

외레순선은 덴마크의 코펜하겐과 스웨덴의 말뫼를 연결해요. 8킬로미터 길이의 다리에는 철도와 도로가 함께 있지요. 스웨덴 본토에서 시작해 바다의 인공 섬을 지나고 해저 터널을 거쳐 4킬로미터 뒤에 코펜하겐 공항 근처에서 다시 모습을 보여요. 공항을 드나드는 비행기들을 방해하지 않도록 해저 터널로 다리가 이어지는 거예요.

북극권 야간열차

스톡홀름 – 나르비크

스웨덴의 북적북적한 도시 스톡홀름에서 나르비크까지 가는 야간열차는 북유럽으로 향해요. 기차가 북쪽에 가까워질수록 공기는 점점 차가워지고, 드넓은 숲은 유리같이 맑은 호수와 우뚝 솟은 산에 자리를 넘겨주지요. 이곳들은 모두 스칸디나비아반도에 속해요.

라포르텐 협곡은 스웨덴의 아비스코 국립 공원 바로 북에 있어요. 이 거대한 유(U) 자형 계곡은 스칸디나비아반도 북부 지역으로 가는 길목이지요.

피오르드 방하가 녹으면서 땅을 깎고 침식해 만들어진 좁고 깊은 바다만이에요. 스칸디나비아 지방에 많지요.

키루나

아비스코

나르비크

스웨덴의 광산 도시 키루나 주변은 굴을 깊이 파면서 땅이 무너져 내렸어요. 결국 마을을 20년에 걸쳐 천천히 옮기기로 했죠. 3킬로미터 떨어진 새 터로요. 다시 짓는 건물들도 있고, 벽돌을 하나하나 해체해서 그대로 옮겨 가는 건물도 있어요.

나르비크는 한때 어촌이었지만, 지금은 항구로서 여러 화물들을 전 세계로 운송하고 있어요.

누브바게아르가에서 고래와 돌고래 등을 자주 볼 수 있어요.

스웨덴의 '플뤼그스캄'은 비행기를 이용하면 환경에 좋지 않아서 부끄럽다는 뜻이에요. 값싸고 효율적인 기차는 스웨덴에서 친환경적으로 여행하는 방법이에요. 기차는 비행기보다 오염 물질이 훨씬 적게 나와요.

스웨덴에 있는 에스랑에는 유럽에서 가장 큰 민간 우주 센터예요. 북극권의 황무지는 로켓과 열기구를 발사하기에 알맞지요.

스웨덴 유카세르비에 있는 얼음 호텔은 전체가 다 얼음이에요! 손님들은 얼음으로 만든 침대 위에 순록 가죽을 깔고 누지방용 침낭 안에 속 들어가 자지요. 해마다 여름이면 호텔이 녹기 때문에 겨울에 다시 지어요.

사미족은 노르웨이, 스웨덴, 핀란드, 러시아의 북쪽 지역에 사는 원주민이에요. 순록 가죽을 많고 가죽을 기르지요. 이들은 물고기를 잡고 가축을 기르지만, 주로 순록을 방목하는 것으로 알려져 있어요.

밤하늘에 커튼 같은 빛이 나타나고 있어요! 초록색 분홍색 옅은 보라색 빛이 춤추듯 움직여요. 바로 북극권에서 볼 수 있는 '오로라'예요.

북극권

북극권은 지구의 북쪽, 북위 66도 33분 지점 위에 속한 지역이에요. 한여름에는 해가 지지 않아 밤에도 환한 '하얀 밤' 또는 '한밤의 태양'이 계속되고, 겨울에는 낮에도 해가 뜨지 않아 어두워요.

순록

순록은 추운 북쪽에서 살아요. 사미족(라플란드인)은 순록 썰매로 이동하고, 순록의 털과 가죽으로 옷을 만들고, 순록의 뼈와 뿔로 도구를 만들지요. 순록은 소처럼 위가 네 개예요. 해가 지지 않는 밝은 여름과 해가 뜨지 않는 어두운 겨울에도 언제 자야 하는지 알고 있지요.

철도가 놓이기 전에는 순록 썰매가 청광석을 날랐어요.

순록은 사미족에게 매우 중요해요. 사미족 학생들은 학교에서 순록 돌보는 방법을 배우지요.

사미족은 한 해를 사계절이 아닌 여덟 계절로 나눠요.

오포트바넨선

약 43킬로미터에 이르는 오포트바넨선을 달리는 기차는 눈 덮인 가파른 산을 통과하면서 카루나의 철광산에서 나르비크의 항구로 철광석을 실어 날라요. 이어지는 폭포 열을 구릉구릉 지나는 이 화물 열차는 8000톤 넘게 물건을 실을 수 있어요. 유럽에서 가장 화물을 많이 싣는 기차 중 하나로 꼽히지요.

벨몬드 안데스 익스플로러 여행
(쿠스코-푸노)
거리: 338km
시간: 1박 2일
가장 높은 곳: 4267m

브로멜리아드

마추픽추  올란타이탐보

쿠스코 ★

산꼭대기에 있는 도시 마추픽추는 약 600년 전에 잉카 사람들이 건설했어요. 시멘트 같은 접착제를 쓰지 않고 돌을 쌓아 올려 만든 벽은 수백 년 동안 지진을 견뎌 냈어요.

승객들이 '소로체'를 이겨 낼 수 있도록 기차에는 산소통도 마련되어 있어요. 소로체란 높은 산에 오르면 산소가 부족해 생기는 고산병이에요.

해발 4000미터가 넘는 라라야 패스는 이 기차 여행에서 지나는 가장 높은 고개예요.

안데스산맥

안데스콘도르는 날 수 있는 새 중 세계에서 가장 커요. 날개를 펴면 폭이 3미터가 넘어요.

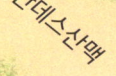

라라야

벨몬드
안데스 익스플로러
쿠스코 - 푸노

스위치백은 가파른 산을 오르기 위해 기차가 전진과 후진을 반복하는 선로예요. 스위치백이 5개나 있는 곳을 주민들은 '엘 지그재그'라고 불러요.

기차는 한때 세계의 중심으로 여겨졌던 도시에서 출발해요.

구름 덮인 열대 우림의 잉카 유적지와 바람이 휩쓰는 산악 지대의 초원과 북적거리는 페루의 시장들을 지나지요. 그리고 세계에서 가장 높은 호수를 향해 남동쪽으로 철커덩거리며 달려요.

페루

페루에서는 잉카 문명 이전부터 털실로 짠 화려한 판초를 입었어요. 스페인 침략자들이 페루의 직조 방법을 없애려 했지만, 전통 기술은 살아남았어요. 페루 판초는 지금도 여전히 멋지지요.

현대의 많은 옷감 직조 방법은 기원전 500년 전에 페루에서 만들어졌어요.

라마와 알파카는 낙타와 친척이에요. 라마는 몸집이 더 크고, 말처럼 타거나 짐을 실어요.

알파카는 라마보다 크기가 작고, 부드러운 털을 얻기 위해 길러요. 알파카의 털은 양털보다 따뜻하지요.

쿠스코

한때 잉카 제국의 수도였던 쿠스코는 16세기에 스페인이 침략하기 전까지 남아메리카 대부분을 다스렸어요. 지금은 대성당과 사원 사이에 활기찬 시장과 북적이는 광장이 자리 잡았고, 페루 사람들은 즉석에서 들썩들썩 길거리 파티를 열어요.

안데스산맥의 높은 고도와 습기 때문에 '구름 숲'이 생겨나요. 생기 넘치는 숲속에는 다양한 생물들이 가득하지요.

나무 의자를 놓은 버스들이 철로를 따라 달리기도 해요. 페루 사람들만 이용할 수 있지요.

페루에서 자라는 감자 품종은 5000가지도 넘어요. 스페인 침략자들은 이 감자들을 세계 다른 지역에 퍼뜨렸어요.

아야비리

볼리비아

해발 약 3800미터에 있는 티티카카호는 남아메리카에서 가장 큰 호수예요. 원주민들은 '토토라'라는 식물을 겹겹이 엮어 짠 섬 위에서 살아요. 집도, 배도 모두 토토라로 짠 거예요.

세계에서 가장 비싼 커피 중 하나는 페루의 너구리 종류인 코아티의 똥으로 만들어요. 코아티가 먹은 커피 열매에서 소화되지 않은 것을 걸러 만들지요.

훌리아카

잉카 제국은 12세기부터 16세기까지 안데스산맥 주변을 다스리며 대도시와 화려한 황금 사원을 세웠어요. 바퀴나 문자가 없어서 '차스키'라고 하는 파발꾼들이 물자와 정보를 잉카 제국 전체에 전달했지요.

티티카카호

푸노

페루 전통문화의 중심지인 푸노에서는 음악과 춤이 어우러진 축제가 열려요. 악마의 춤인 '디아블라다'가 유명해요.

라파스

전 세계 수도 중 가장 높은 곳에 있는 볼리비아의 라파스는 케이블카가 중요한 대중교통이에요.

소금 사막

볼리비아 남서쪽에는 세계에서 가장 큰 소금 사막인 우유니 소금 사막이 있어요. 소금으로 가득한 평지가 수천 킬로미터에 이르지요. 선사 시대의 호수가 말라붙어 100억 톤의 소금이 생겨났어요.

비가 오면 소금 사막은 소금 호수가 되어 세상에서 가장 큰 거울로 바뀌어요.

무덤에 있는 기차들은 대부분 영국에서 만들었어요. 한 번도 달려 보지 못한 것들도 있어요.

기차 무덤

우유니는 소금 사막에서 가장 가까운 마을이에요. 한때 우유니를 근처의 도시 및 항구와 잇는 대규모 철도 계획이 세워졌다가 취소되었어요. 그 길을 달리기 위해 들여온 기차들은 버려졌고, 기차 무덤에서 녹슬고 있지요.

소금 때문에 금속은 더욱 빨리 녹슬어요. 밖에 버려진 기차들은 지붕 밑에 있을 때보다 훨씬 빨리 부식되지요.

우유니

캘리포니아 제퍼

시카고  샌프란시스코

1869년에 마지막 철도 레일에 황금 못이 박히자 큰 환호성이 쏟아졌어요. 뉴욕에서 샌프란시스코까지 가려면 몇 달씩 걸렸는데 이제 사흘 남짓으로 준 거예요.

너른 평원, 울창한 숲, 눈 덮인 산, 뜨거운 사막을 지나는 이 기차 여행에서는 세계에서 손꼽힐 만큼 아름다운 풍경을 볼 수 있어요. 기차는 미국 최초의 대륙 횡단 철도 노선을 따라가요. 미 대륙을 가로질러 동부에서 서부를 향해 물밀듯이 몰려가며 원주민의 땅을 빼앗고, 금을 찾아 산을 마구잡이로 파헤쳤던 19세기 사람들의 길을 고스란히 따라가지요. 시카고와 샌프란시스코를 잇는 이 철도는 미국의 과거와 현재를 알려 주지요.

네바다주

오클랜드 · 타호호 · 솔트레이크시티

샌프란시스코

1848년, 캘리포니아 시에라 풋힐 지역에서 금이 발견되자 행운을 거머쥐려는 사람들이 몰려들었어요.

유타주

캘리포니아주

콜로라도강은 로키산맥에서 애리조나주의 그랜드 캐니언을 거쳐 멕시코까지 약 2330킬로미터를 굽이굽이 흘러가요.

높이 83미터짜리 세쿼이아인 제너럴 셔먼 나무는 세계에서 가장 큰 나무예요.

샌프란시스코

7개 주를 가로질러 여행한 승객들은 오클랜드의 에머리빌역에서 내려요. 반짝이는 바다를 건너면 금문교가 빛나는 샌프란시스코에 갈 수 있지요. 케이블카를 타면 도시의 가파른 언덕 꼭대기에 오를 수 있고, 섬이자 감옥인 앨커트래즈가 보이는 항구에도 갈 수 있어요. 남쪽에는 컴퓨터 칩의 탄생지이자 위대한 첨단 기술의 본고장인 실리콘 밸리가 있지요.

캘리포니아 제퍼 여행
(시카고-샌프란시스코)
거리: 3924km
시간: 51시간 20분
지나는 주: 7개
지나는 역: 34개
터널: 43개

보이 스카우트 대원들은 제퍼가 '새벽부터 황혼까지' 달릴 수 있도록 역을 순찰하고 건널목을 지키며 도움을 아끼지 않았어요.

파이어니어 제퍼

반짝이는 은색 파이어니어 제퍼는 대륙 횡단 철도의 한 구간을 매우 빠른 속도로 달린 최초의 기차예요. 1934년에 시카고에서 덴버를 향해 '새벽부터 황혼까지' 13시간 만에 달려간 기록을 남겼지요. 제퍼의 유려한 곡선은 '스트림라인 모던'이라는 디자인 양식을 표현한 것이었어요. 제퍼의 인기는 미국 전역을 휩쓸었어요. 수많은 자동차와 비행기가 이름을 '제퍼'로 바꾸었지요.

파이어니어 제퍼의 첫 승객 중에는 마스코트도 있었어요. 제프라는 당나귀였죠!

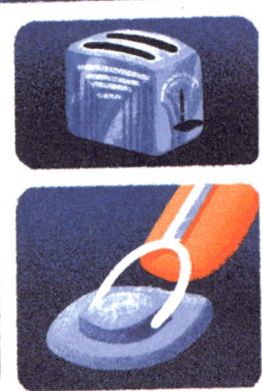

건물, 토스터, 진공청소기처럼 거의 움직이지 않는 것들도 제퍼처럼 앞부분을 곡선으로 하고, 뒷부분으로 갈수록 뾰족하게 한 유선형으로 만들곤 했어요.

건설 중인 철도의 끝머리를 레일헤드라고 해요.

캘리포니아 제퍼

오늘날 일리노이주의 시카고에서 캘리포니아주의 샌프란시스코로 가는 노선을 달리는 기차를 캘리포니아 제퍼라고 불러요. 미 대륙은 너무 넓어서 일정한 지역에서 쓰는 공통 시간인 표준시가 4개나 있어요. 캘리포니아 제퍼를 타면 그중 3개를 지나니까 시계의 시간을 두 번 맞춰야 하지요. 시카고에서 샌프란시스코까지 비행기로는 겨우 4시간 30분이 걸리지만, 매년 40만 명 넘는 사람들이 캘리포니아 제퍼를 타고 51시간 동안 여행해요. 사방에 창문이 있는 전망차를 타면 기차가 덜컹덜컹 달리는 동안 멋진 풍경을 눈에 담을 수 있거든요.

제퍼는 그리스 신화에 나오는 서풍의 신 '제피로스'에서 따온 이름이에요.

시카고

미국 대륙을 횡단하는 철도는 여러 회사가 구간을 나누어 만들었어요. 거리를 기준으로 돈을 받았기 때문에, 가장 긴 거리를 차지하려는 경쟁이 심했지요. 험한 지대는 다이너마이트를 사용해서 뚫고 나갔는데, 산 하나를 폭파하려고 두 회사가 경쟁하기도 했어요.

이 기차는 어떤 모진 날씨에도, 어떤 험한 곳에서도 달려요. 네바다주에서는 뜨거운 태양에 철도가 휘기도 해요. 시카고에서는 얼어붙은 철도를 녹이기 위해 불을 붙여요. 시에라네바다산맥에서는 눈사태로 기차가 파묻히지 않게 눈사태 덮개를 이용해요.

런던
1863년 세계 최초의 지하철이 런던에서 개통되었어요. 그때는 증기 기관차로 달려서 터널이 연기와 그을음으로 가득 찼지요. 지금은 전기를 이용한 지하철이 달려요.

최초의 철도
철도가 놓이기 전에는 나무나 돌을 깐 길 위로 마차가 덜컹거리며 오갔어요. 영국 웨일스의 머서티드빌에서 세계 최초로 철도 위를 증기 기관차가 철광석과 승객 70명을 싣고 14킬로미터나 달렸어요.

철도의 쇠퇴
1950년대부터 적당한 가격의 자동차와 빠르게 오갈 수 있는 고속 도로가 등장하면서 기차의 인기는 시들어 갔어요.

야간 우편 열차
기차는 통신이 더욱 빨라지는 데 큰 역할을 했어요. 이동 우체국이 우편물을 전국으로 운송했는데, 달리는 기차 안에서 밤새 우편물을 분류했거든요. 기차를 세우지 않고, 그물과 투석기 같은 기구를 이용해 편지와 소포를 기차 안에 싣거나 밖으로 떨어뜨렸어요.

스티븐슨의 로켓
1825년에 스톡턴-달링턴 철도가 개통되자 증기 기관차가 승객과 화물을 실어 날랐어요. 1829년, 스티븐슨이 만든 증기 기관차 로켓은 산업 혁명을 대표하는 두 도시인 리버풀과 맨체스터를 최초로 연결했지요.

증기 기관차의 황금기

철도 회사들은 장거리 노선에서 승객들을 빠르고 안전하게 태우고 가기 위해 경쟁했어요. 공기의 흐름을 연구해 만든 우아한 유선형 엔진은 증기 기관차의 황금기를 상징하게 되었죠. 1938년, 말라드는 시속 202킬로미터로 달리면서 세계에서 가장 빠른 증기 기관차라는 기록을 세웠어요.

고속 열차

기차는 1970년대에 다시 인기를 끌었어요. 새로운 디젤 급행열차가 시속 200킬로미터로 여러 도시를 연결해 주었거든요.

대형 회전식 터널 굴착기(TBM)

오늘날, 영국에서는 기차로 이동하는 사람들이 그 어느 때보다 많아요. 긴 터널을 쉽게 파는 터널 굴착기 덕분에 새 철도를 전보다 빨리 만들 수 있지요.

철도로 이루어진 나라

증기 기관은 영국에서 탄생했어요. 이것은 세계의 산업 혁명에 본격적인 시동을 걸었지요.

19세기 영국에 들판과 숲을 구불구불 지나는 철도가 생겨났어요. 석탄을 실은 기차들이 공장 수천 곳의 용광로에 연료를 공급하기 시작했지요. 기차는 음식과 소포와 상품을 도시와 마을로 가져다주었어요. 기차 덕분에 사람들과 새로운 생각이 전국으로 퍼지면서 영국의 모습은 완전히 바뀌었어요. 오늘날, 기차는 과거를 상징하고 미래를 약속하며 영국 곳곳을 달리고 있지요.

러시아 혁명의 철도

시베리아 횡단 철도는 시베리아를 러시아로 품으려는 차르 니콜라이 2세의 꿈이었어요. 그러나 1917년 러시아 혁명으로 차르가 쫓겨나면서, 이 철도는 러시아의 미래를 건 싸움에서 중요한 수단이 되었어요.

러시아 내전에서 적군(볼셰비키)은 무장한 기차를 300대 넘게 전투에 동원했어요.

볼셰비키는 적군, 반대파는 백군이었어요. 둘 사이의 전쟁은 3년 동안 계속되다가 적군의 승리로 끝났어요.

사회주의의 상징은 농부와 공장 노동자의 도구인 낫과 망치예요.

시베리아 횡단 철도는 전쟁 물자를 빨리 수송하는 방법 중 하나였지요.

1917년, 레닌이 이끄는 볼셰비키 세력은 권력을 잡은 뒤 러시아를 사회주의 국가로 만들고 싶어 했어요. 사회주의는 모든 사람이 평등하고 부를 함께 나누는 사회를 꿈꾸는 이념이지만, 볼셰비키는 엄청난 반대에 부딪혔고 러시아 내전이 일어났어요.

1918년에 차르 니콜라이 2세는 가족들과 함께 기차로 예카테린부르크로 끌려가서 처형되었어요. 이로써 러시아에서 황제의 시대는 막을 내렸지요.

파베르제의 달걀은 귀한 보석으로 꾸민 아름다운 장식품이에요. 그중 하나는 1900년에 시베리아 횡단 철도를 기념하기 위해 만들어졌지요. 달걀 안에는 태엽 장치가 있는 금과 백금으로 만든 기차가 들어 있어요.

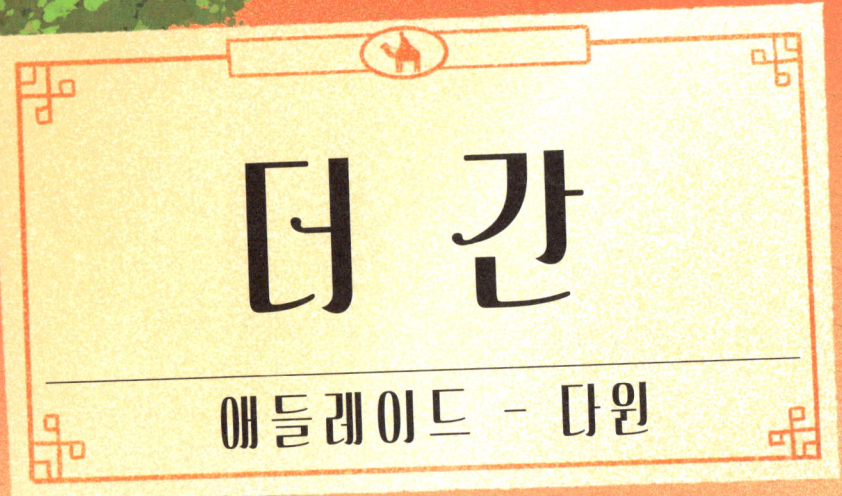

더 간
애들레이드 - 다윈

기차를 타고 오스트레일리아의 광활한 오지인 뜨거운 '레드 센터'를 여행하는 것은 어디서도 할 수 없는 경험이에요. 19세기 초에 처음으로 오스트레일리아 남쪽에 와서 북쪽으로 철도를 건설한 유럽 사람들은 수만 년 동안 이 나라에 살고 있던 원주민의 땅을 빼앗았어요. 이 철도는 오스트레일리아의 과거와 현재를 이야기하고 있지요. 이곳의 특별한 사람들과 기후와 동물과 역사에 대해서요.

티모르해

오스트레일리아는 세계에서 가장 맑은 밤하늘을 볼 수 있는 곳 중 하나예요. 거대한 망원경으로 별과 은하에 대한 자료를 모으고 있지요. 남반구에 있는 오스트레일리아에서 보는 별들은 북반구의 밤하늘에 있는 별들과 전혀 달라요.

로열 플라잉 닥터 서비스는 오스트레일리아의 오지를 찾아가는 응급 항공 의료 단체예요.

울루루

레드 센터의 중심에는 5억 년 된 거대한 사암 암석인 울루루가 있어요. 근처에 사는 원주민들의 성지인 이곳에 대해서는 예로부터 많은 이야기가 전해 내려오고 있지요. 울루루에서 돌이나 흙 등을 가져가면 저주를 받는다고 해요.

오스트레일리아 원주민들은 5만 년 넘게 이 대륙에 살면서 세계에서 가장 오랫동안 문명을 이어 왔어요. 나무에 새긴 조각과 바위에 그린 상징으로 전통과 역사를 함께했지요. 서쪽에서 발견된 암각화(바위그림)는 약 4만 년 전의 것이라고 해요.

앨리스스프링스

오스트레일리아 한가운데 있는 앨리스스프링스는 일 년 내내 바싹 말라 있는 토드강 옆에 세운 도시예요. 강의 이름은 애들레이드와 다윈을 연결하는 전신선을 건설한 찰스 토드 경의 이름에서 딴 거예요. 철도도 그 선을 따라 나 있어요. 도시 이름은 토드의 아내인 앨리스의 이름에서 따왔지요.

더 간 여행(애들레이드-다윈)
거리: 2979km
시간: 3일
최고 속도: 115km/h
개통: 1929년

애들레이드에서 다윈까지 철도를 건설하는 데는 120년이 넘게 걸렸어요. 더 간의 원래 노선은 1878년에 첫 삽을 떴지만, 50년이 지나서야 앨리스스프링스까지 이어졌지요. 거의 100년 동안, 더 간은 애들레이드와 앨리스스프링스를 오가며 중요한 화물을 운송했어요. 하지만 모래 토양과 홍수 때문에 원래 노선은 1980년에 좀 더 서쪽의 새 노선으로 바뀌었어요. 앨리스스프링스에서 다윈으로 이어지는 노선은 2004년에 마무리되었어요.

도로와 철도가 건설되기 전에는 낙타 기차로 알려진 기나긴 행렬이 상품과 사람을 싣고 사막을 지나곤 했어요.

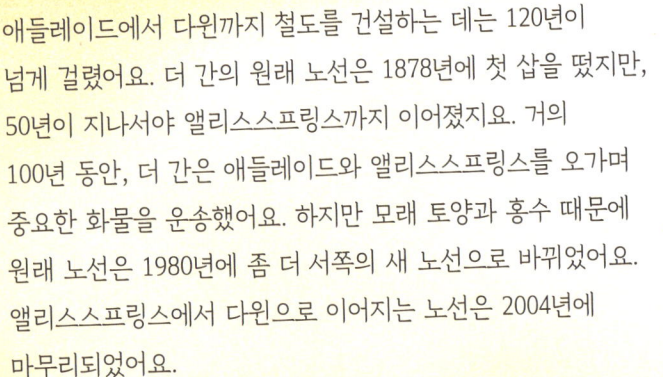

오스트레일리아는 세계에서 낙타가 가장 많은 곳이에요.

사람들은 19세기에 오스트레일리아로 낙타를 들여왔어요. 오지를 통과할 때 말이 너무 더웠거든요. 철도 건설에는 터키, 이집트, 아프가니스탄에서 온 낙타 몰이꾼들의 도움을 받았어요.

오스트레일리아 레드 센터

오스트레일리아의 똥 문제

1788년에 유럽 사람들은 목장에서 기르려고 오스트레일리아로 소를 들여왔어요. 유럽에서는 대체로 쇠똥구리가 소의 똥을 둥글게 굴려 땅속에 묻는데, 오스트레일리아에는 쇠똥구리가 없는 탓에 땅이 온통 똥으로 뒤덮이고 전염병을 옮기는 파리들이 날아다녔어요. 거의 200년이 지난 뒤에야 쇠똥 처리를 위해 쇠똥구리를 들여왔죠.

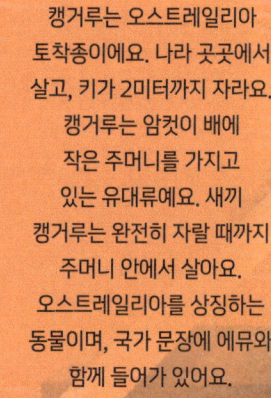

캥거루는 오스트레일리아 토착종이에요. 나라 곳곳에서 살고, 키가 2미터까지 자라요. 캥거루는 암컷이 배에 작은 주머니를 가지고 있는 유대류예요. 새끼 캥거루는 완전히 자랄 때까지 주머니 안에서 살아요. 오스트레일리아를 상징하는 동물이며, 국가 문장에 에뮤와 함께 들어가 있어요.

전신은 전선을 통해 전기 신호로 메시지를 보내는 방법이에요. 전화와 인터넷이 생기기 전에는 장거리 메시지를 가장 빨리 보내는 방법이었지요.

증기 기관차의 물탱크를 채우기 위해 곳곳에 급수탑이 있었어요. 지하수를 얻을 수 있는 대찬정 분지에서 물을 끌어 올려 만들었지요.

2백만 마리에 이르는 흰개미들이 높이 5미터까지 솟은 개미집에서 살아요.

기차는 승무원과 승객들이 타고 가다가 철도를 수리할 수 있도록 각종 도구와 침목을 실은 차량을 끌고 가기도 했어요. 기차는 자주 늦게 도착했어요. 석 달이나 늦은 적도 있었지요.

더 간의 원래 노선은 숨 막히는 더위, 갑작스러운 홍수, 선로의 침목을 갉아 먹는 흰개미 등의 상황에 대처해야 했어요. 이 노선은 애들레이드에서 앨리스스프링스로 가는 전신선을 따라 세워졌는데, 전신선은 오스트레일리아가 세계와 소통할 수 있게 해 주었지요. 흰개미가 전신주를 갉아 먹기 시작하자, 나무 전신주는 멀리 영국에서 배에 실어 온 금속 전신주로 교체되었어요.

대찬정 분지는 오스트레일리아의 땅속 깊은 바위 밑에 지하수가 들어찬 거대한 지역이에요. 프랑스 면적의 3배가 넘고 어떤 곳은 깊이가 3킬로미터가 넘어요. 내륙 지방에 물을 공급하는 중요한 원천이지요.

에이시 특급 열차
콜카타 – 실리구리

북적거리는 콜카타의 하우라역에서 출발한 기차는 북쪽으로 달려 벵골 평원의 끈끈한 여름 더위에서 벗어나 실리구리의 뉴잘파이구리역에 도착해요. 한때 가장 빠르게 이 노선을 달렸지만 지금은 다른 기차가 두 도시를 연결하고 있어요. 이곳에서 기차를 갈아타면 다르질링의 유명한 차밭에 갈 수 있어요.

갠지스강은 힌두교에서 신성하게 여기는 강이에요.

다르질링 히말라야 철도

이 노선을 운행하는 기차는 너무 작아서 '장난감 기차'로 불려요. 여행자들은 뉴잘파이구리역에서 다르질링으로 가는 험한 산악 열차로 갈아타요.

철길 위를 어슬렁거리는 코끼리들은 세빙공주의 큰 고민거리예요. 선로 근처의 스피커는 코끼리가 다가오지 못하게 윙윙 소리를 내보내요. 코끼리는 벌을 무서워하거든요!

뉴잘파이구리

실리구리에 있는 뉴잘파이구리역은 아주 크고 붐비는 철도 교차로예요. 수도 뉴델리를 비롯해 인도 거의 모든 지역으로 가는 철도가 모여 있어요.

뺄꿀에 사는 인도호랑이는 인도를 상징하는 동물이지만, 밀렵과 줄어드는 서식지 때문에 그 수가 줄어들고 있어요.

다르질링

칸첸중가산
높이가 8586미터인 칸첸중가산은 세계에서 세 번째로 높은 산이에요.

히말라야산맥

눈표범
히말라야는 산스크리트어로 '눈의 집'이라는 뜻이에요.

자라

차

차는 밭에서 재배하고, 사람이 잎을 직접 따요. 그다음에는 더욱 깊은 향과 맛이 감돌게 잎을 햇볕에 말리고 덖어서 둥글게 만지요.

인도에서 해마다 재배되는 차는 백만 톤이 넘어요.

동인도 회사는 중국 말고 인도에서 차를 재배하고 살아 했어요. 식물학자 로버트 포춘이 지위가 높은 귀족인 척하고 중국에 가서 몰래 작은 온실에 차나무 묘목을 심고, 차 만드는 비법도 얻어냈어요. 인도에 차밭을 들여왔어요. 중국 차는 다르질링 동양에서 아주 잘 자랐지요.

다르질링 차는 오로지 이 지역에서만 자라요. 풍향기가 은은한 검은색 차로, 보통 우유를 넣지 않고 마시지요.

다르질링

1835년에 동인도 회사는 다르질링을 손에 넣었어요. 마을은 곧 부유한 영국인들의 휴가지이자 콜카타의 여름 더위를 피할 수 있는 산간 피서지가 되었지요. 지금도 관광객들이 사람들에게 북적거리는 도시예요.

동인도 회사

17~19세기에 영국은 세계 여러 나라를 지배하는 데 동인도 회사를 이용했어요. 이 회사는 세계 곳곳의 토지를 소유하며 광물을 캐내고, 대규모 농장을 운영하고, 무역을 쥐락펴락했지요. 특히 인도에서 몇 번 넘은 대단한 권력을 누렸어요. 인도 차가 영국에서 인기를 끌면서 동인도 회사는 더욱 커졌지요.

칸프랑 국제 기차역

'산악계의 타이타닉'인 이 거대한 역은 피레네산맥의 스페인 쪽에 자리 잡고 있어요. 프랑스에서 스페인으로 들어오는 중요한 관문으로 지어졌지만, 제대로 쓰이지 못했지요. 화재와 나치 간첩 사건, 터널 봉쇄와 유대인 난민 사건, 스위스 금괴 도난 등 수많은 일이 일어났어요. 1970년에 폐쇄된 이 역을 호텔로 바꾸려는 계획이 진행되고 있어요.

유령역

세계의 철도마다 더 이상 사용하지 않는 기차역들이 여기저기에서 잊혀지고 있어요. 이 '유령역'들에는 추억이 가득 서려 있지요. 이제 매표소에는 승객 하나 보이지 않고, 승강장에는 기차가 서지 않아요.

규시라타키역

일본의 시골에 있는 이 역은 하나 남은 학생이 통학할 수 있도록 몇 년간 그대로 있었어요. 학생이 졸업한 뒤에는 문을 닫았지요. 일본에서는 대도시로 이사하는 가정이 점점 늘어나면서 승객이 거의 없는 외딴 역들이 사라지고 있어요.

알드위치 지하철역

제2차 세계 대전 중 런던이 폭격당할 때, 영국 박물관의 귀중한 유물들을 옮겨 와 보관하던 역이에요. 런던 지하철의 한 갈래인 지선의 종점이지요. 결국 1994년에 폐쇄됐고, 지금은 영화 촬영장으로 쓰이곤 해요.

뼈의 철도

수천 명의 러시아 죄수들이 얼어붙은 북극 툰드라를 지나는 철도를 건설하다가 죽었어요. 이 철도는 다 짓지 못한 채 1953년에 버려졌지만 어쩌면 다시 지어질지도 몰라요. 기후 변화로 얼어붙은 땅이 녹아서 전보다 러시아 북부에 가기가 수월하거든요.

베군코도르역

인도에 있는 이 역에 유령이 나온다는 소문이 퍼지자 승객과 직원이 모두 떠나 버렸어요. 인도 민속 의상인 흰 사리를 입은 여자 유령을 보았다고 주장한 어느 관광객은 며칠 뒤 사망했지요. 폐쇄된 지 40여 년 만에 다시 문을 열었지만, 해가 진 뒤에는 아무도 역을 오가지 않아요.

헬렌스버그 기차역

도보 여행자들은 오스트레일리아 뉴사우스웨일스주에 있는 이곳을 좋아해요. 근처의 광산들은 오래전에 문을 닫았고, 기차역에는 온갖 식물이 우거져 있지요. 터널은 반딧불이로 반짝이고, 승강장에는 기차에 치어 죽은 광부의 유령이 나타난다고 해요.

시청 지하철역

뉴욕의 첫 번째 지하철역은 주위에 더 큰 역들이 쑥쑥 생겨나면서 사용하지 않게 됐어요. 잘 보존된 이 역은 일부 열차가 방향을 바꿀 때 이용해요.

동과 서로 나뉜 도시

독일의 베를린은 20세기에 30여 년간 동베를린과 서베를린으로 나뉘어 있었어요. 아무도 베를린 장벽을 넘어갈 수 없었지요. 그러나 서베를린의 지하철은 동베를린의 일부 역들을 지나갔어요. 무장 경비원이 승강장을 순찰했고, 승객들은 아무도 그곳에 내릴 수 없었어요.

파라나피아카바역

브라질 남동부의 산안개 너머로, 고장 난 시계탑이 녹슬어 가는 디젤 엔진과 선로를 내려다보고 있어요. 이 역은 영국이 브라질 정글에서 커피콩을 옮기려고 만든 가파른 산악 철도의 종점이었어요.

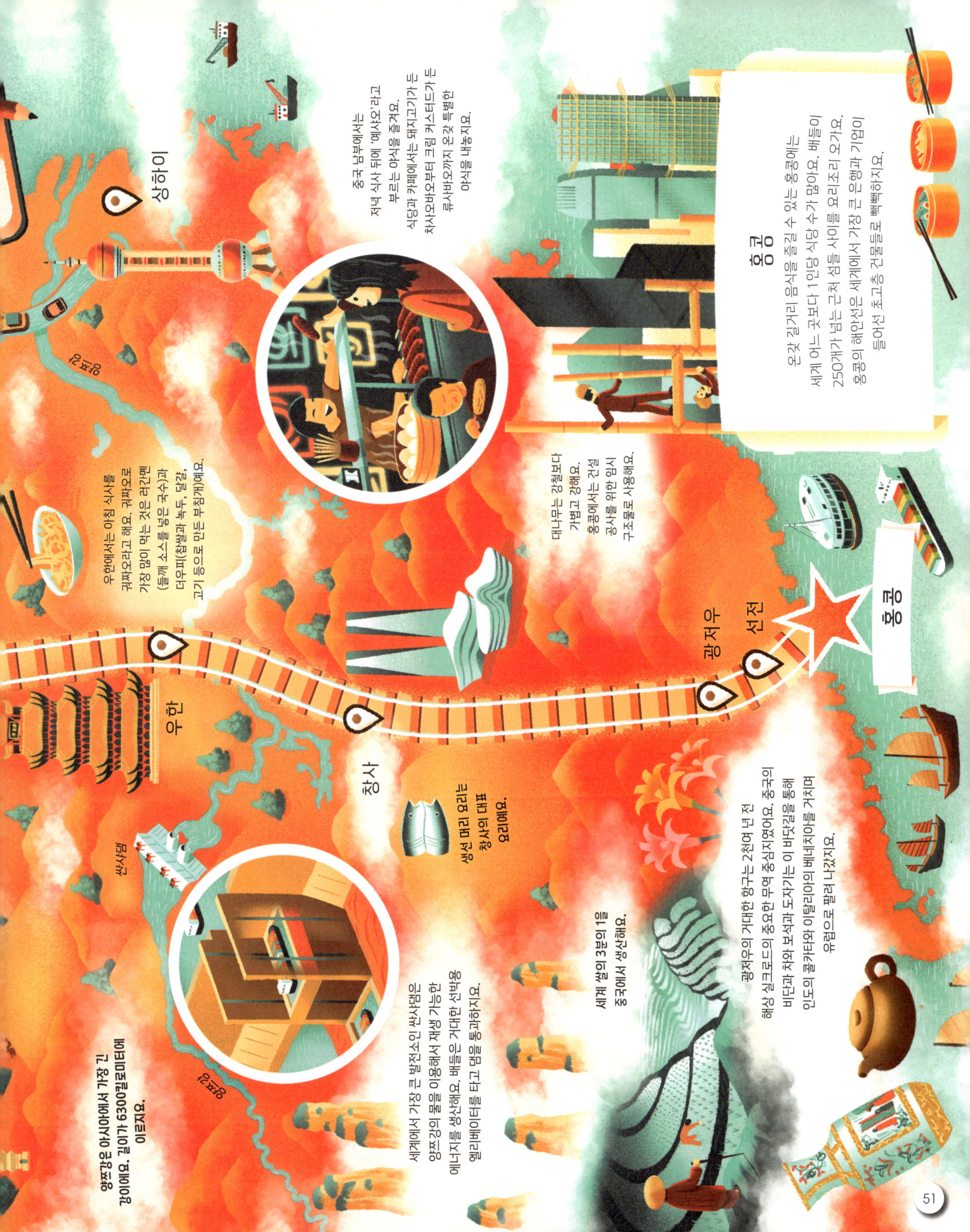

중국의 음력설

음력은 달의 움직임으로 날짜를 계산하는 방법이에요. 음력으로 설, 즉 새해 첫날은 보통 양력 1월 말이나 2월 초에 시작해요.

쥐 소 호랑이
토끼 용 뱀
말 염소 원숭이
닭 개 돼지

번성하는 중국 철도

2008년 첫 고속 철도를 개통한 중국은 지금까지 3만 6천 킬로미터가 넘는 고속 철도를 완성했어요. 세계의 다른 고속 철도들을 합친 것보다 더 길어요. 중국은 이 숫자를 두 배로 늘릴 계획이에요.

홍콩에서 베이징까지 기차로 9시간이 걸려요.

중국에서 빨간색은 기쁨과 행운의 상징이에요.

중국에서 용은 중국 문화와 힘, 행운을 상징해요.

'춘절'이라고 부르는 중국의 음력설 때는 세계에서 가장 많은 사람들이 이동해요. 거의 모든 중국인들이 전통에 따라 고향으로 돌아가 가족과 함께 춘절을 맞이하지요. 명절 연휴 동안 사람들이 이동하는 횟수가 무려 30억 번이라고 해요.

불꽃놀이는 중국에서 발명되었어요.

…자동차로는 24시간이 걸리지요!

중국의 한자는 사물의 모양을 따서 만든 뜻글자이고, 오늘날 사용되는 세계의 문자 중 가장 오래되었어요. 훠처잔(火車站)은 중국어로 '기차역'을 뜻해요. '불(火)'과 '차(車)'란 문자를 더해 기차를 나타내지요.

베이징 기차역

음력설에 모인 가족들은 만두를 먹고 빨간색 돈 봉투를 주고받으며 축하해요.

베이징에서는 빈 플라스틱병으로 지하철표를 살 수 있어요. 재활용을 북돋으려는 거죠.

중국은 다른 어느 나라보다 자동차를 많이 생산하고 타기 때문에 교통 체증과 공해가 엄청나요. 베이징에서는 9일이나 차가 막힌 적도 있어요! 요즘 베이징은 자동차의 수를 제한해요. 자동차 번호판을 받는 경쟁률은 몇천 대 일에 이르지요!

자전거 왕국

세계 자전거의 반은 '자전거 왕국'인 중국에서 생산해요. 1980년대에는 베이징 도로에 오가는 교통수단의 3분의 2가 자전거였어요. 지금은 자동차의 인기가 더 높지만, 그래도 중국에는 자전거가 5억 대나 오가요.

심플론 오리엔트 특급 열차
파리 - 이스탄불

세계에서 가장 유명한 이 기차는 한때 불빛이 반짝거리는 프랑스 파리에서 터키 이스탄불의 모스크와 시장까지 우르릉거리며 달렸어요.

이 기찻길은 눈 덮인 알프스산맥의 봉우리들을 넘어 물결이 일렁이는 아드리아해 해안을 지나갔지요. 오리엔트 특급 열차는 두 번의 세계 대전에서도 살아남았어요.

이스탄불

이 도시는 유럽과 아시아, 두 대륙에 걸쳐 있어요. 이 아름다운 곳에는 1500만 명이 살고 있지요. 기독교와 이슬람교 문화가 어우러지고, 역사적으로 늘 동서양을 잇는 관문이었어요. 또 중요한 무역 중심지이지요. 15세기부터 있던 전통 시장 그랜드 바자르에는 7000개가 넘는 가게와 노점에 경찰서와 이슬람교 사원인 모스크까지 있어요.

오스트리아·헝가리 제국이 세르비아에 선전 포고를 하면서 제1차 세계 대전이 시작됐어요.

세르비아

세르비아의 수도 베오그라드는 늘 전쟁으로 시달려요. 100번 넘게 불탔지요. 다뉴브강(두나브강)과 사바강이 만나는 중요한 위치에 있기 때문이에요.

베오그라드

제1차 세계 대전 뒤 세워진 유고슬라비아는 1990년대에 크로아티아, 슬로베니아, 세르비아를 비롯한 여러 공화국으로 나뉘었어요.

다뉴브강 · 발칸산맥 · 흑해

소피아 / 불가리아

불가리아에서 머리를 흔드는 것은 '아니'가 아니라 '응'이란 뜻이에요.

불가리아의 수도 소피아는 뜨거운 광천수가 솟아나는 온천으로 유명해요. 수천 년 동안 많은 이들이 찾아왔고, 지금도 관광객들이 즐겨 찾아요.

오리엔트 특급 열차의 첫 번째 노선은 파리에서 출발해 오스트리아의 빈을 거쳐 불가리아의 바르나에서 페리를 타고 이스탄불까지 가는 여정이었어요. 이 지도에서는 알프스산맥을 지나는 심플론 터널의 이름을 딴 '심플론 오리엔트 특급 열차'의 노선을 볼 수 있어요.

지중해 · 그리스 · 터키

흑해와 지중해를 잇는 보스포루스 해협에는 수많은 배들이 오가요. 수천 년 동안 정치적, 경제적으로 중요한 곳이었지요. 오늘날에는 러시아에서 유럽과 미국으로 원유를 나르는 유조선들이 오가고 있어요.

오리엔트 특급 열차는 유럽의 침대차를 발명한 조르주 나겔마케르의 아이디어였어요. 그는 이 기차가 유럽 대륙을 모두 이어 주기를 바랐어요. 이 호화로운 기차로 부유하고 유명한 유럽인들은 편안하고 우아하게 국경을 오갈 수 있었어요. 한편 기차는 음모와 스파이, 사치와 모험이 넘치는 곳이 되었지요.

오리엔트 특급 열차의 여러 노선들은 두 번의 세계 대전에서 살아남았지만, 전쟁 동안에는 운행이 중단되었어요.

심플론 터널

알프스산맥을 지나는 이 20킬로미터짜리 터널은 한때 세계에서 가장 긴 터널이었어요. 덕분에 기차는 빠른 속도로 스위스에서 이탈리아까지 갈 수 있었지요. 1945년에 독일군이 폭파하려 했으나 이탈리아의 저항군이 막아 냈어요.

제1차 세계 대전을 끝내는 정전 협정은 오리엔트 특급 열차의 식당차에서 이루어졌어요. 이후 프랑스에 전시된 이 차량을 제2차 세계 대전 때 히틀러가 폭파했지요.

국경을 넘나드는 이 특급 열차는 비밀 요원 수송으로 악명이 높았어요.

스파이 특급 열차

미국의 해군 장교가 밤중 샤쿠가 든 가방을 지난 채 기차에서 떨어졌지만, 사고로 알려졌지요.

많은 왕들이 이 기차를 탔어요. 불가리아의 왕은 기차를 직접 운전하겠다며 머리카락이 곤두설 만큼 위험한 속도로 몰았지요.

알프스산맥에 숨겨진 것들

알프스산맥에 있는 철도교, 터널, 산악 통행로는 스위스를 지키기 위해 폭파할 수 있다고 해요. 또 산속에는 비밀 벙커와 대포도 숨겨져 있다고 하지요.

오리엔트 특급 살인

영국의 인기 있는 추리 소설 작가인 애거사 크리스티는 고고학자인 남편과 함께 기차를 타고 서아시아로 가곤 했어요. 기차가 눈더미에 갇혔을 때, 크리스티는 특급 열차 안에서 벌어진 실제 살인 사건에 영감을 받아, 베스트셀러 『오리엔트 특급 살인』을 썼지요.

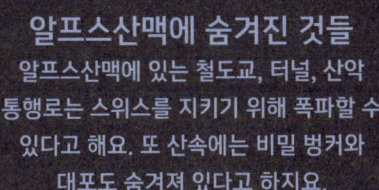

기차 안에서 수상한 범죄 사건이 많이 일어났어요. 어느 부유한 여성은 강도에게 보석을 빼앗기고 창밖으로 내던져졌지요.

오리엔트 특급 열차는 최초로 얼음을 제공한 기차였어요.

1950~60년대에 부자들이 호화로운 제트기를 타기 시작하면서 특급 열차의 매력은 시들어 갔어요. 심플론 오리엔트 특급 열차는 1962년에 더 느린 열차로 바뀌었어요. 지금은 호화롭게 복원된 기차가 파리에서 베네치아까지 운행되지요.

재스퍼 국립 공원
캐나디안은 캐나다 로키산맥에서 가장 큰 자연 보호 구역을 지나요. 수많은 야생 동물이 어슬렁거리는 우거진 숲과 새하얀 눈이 덮인 우뚝 솟은 산봉우리 아래에서 반짝이는 호수들이 연이어 나타나지요.

캐나다

세인트폴에는 혹시라도 올 외계인을 환영하기 위해 만든 세계 최초로 유에프오(UFO) 착륙장이 있어요.

밴쿠버
노스쇼어산맥이 뒤에 펼쳐진, 그림 같은 밴쿠버는 1887년 대륙 횡단 철도가 들어오며 작은 마을에서 대도시로 갑자기 커졌어요. 일 년 내내 날씨가 좋은 밴쿠버는 오늘날 세계에서 가장 살기 좋은 곳 중 하나로 꼽혀요.

에드먼턴 · 세인트폴 · 재스퍼 · 새스커툰

교통의 요지인 에드먼턴은 북아메리카에서 가장 큰 쇼핑몰을 자랑해요. 세계에서 가장 높은 실내 롤러코스터도 있지요.

캐나다 국립 공원을 가로지르는 고속 도로마다 야생 동물이 안전하게 길을 건널 수 있는 다리와 터널이 있어요.

물을 얻으려고 우물을 파던 철도 회사는 대신 천연가스를 발견했어요. 이것으로 기차역을 난방했지요.

밴쿠버

전 세계 메이플 시럽의 85퍼센트를 캐나다에서 생산해요.

캐나디안
밴쿠버 – 토론토

약 4500킬로미터에 이르는 엄청난 길을 달리는 캐나디안은 머나먼 토론토와 밴쿠버를 연결해요. 전 세계에서 두 번째로 큰 나라인 캐나다의 동해안과 서해안을 잇지요. 광활한 습지, 탁 트인 대초원, 로키산맥의 안개 낀 숲을 가로지르는 이 기차를 타면 넓게 펼쳐진 하늘 아래 수많은 야생 동물들을 볼 수 있어요.

흰머리수리는 깃털을 하나 잃으면 반대쪽 날개에서 다른 깃털을 떨어뜨려요. 완벽하게 양 날개의 균형을 유지하기 위해서요.

유럽에서 온 사람들은 아메리카들소가 거의 다 없어질 정도로 사냥했어요. 캐나다 원주민들은 굶주림에 시달렸지요.

캐나다를 가로지르는 여행

아메리카검은곰 중에 특이하게 털 색깔이 하얀 곰도 아주 가끔 있어요. 원주민들은 이 하얀 곰들을 신성하게 여기며 '영혼의 곰'이라고 불러요.

캐나다 원주민은 유럽 사람들이 도착하기 전부터 이 땅에 살고 있었어요. 오늘날 이 나라에는 600개가 넘는 서로 다른 원주민 공동체가 있어요. 19세기에 캐나다에 도입된 철도는 어떤 이들에게 발전과 부의 상징이었어요. 그러나 캐나다 원주민과 이누이트족처럼 원래 이 땅에 살던 사람들에게는 달랐어요. 철도는 물밀듯이 계속 들어오는 유럽 사람들에게 어떻게 땅을 빼앗겼는지 알려 주는 상징이에요.

유럽 사람들이 옮긴 천연두와 유행성 감기 같은 질병으로 캐나다 원주민 수천 명이 죽었어요.

많은 캐나다 원주민 부족들은 7세대 원칙을 기준으로 중요한 결정을 내려요. 오늘 내린 결정이 앞으로 7세대째 후손에게 어떤 영향을 미칠지 헤아리지요.

코요테는 캐나다 원주민의 옛이야기에 나오는 중요한 동물이에요. 종종 꾀 많은 못된 장난꾸러기로 나오며, 때로는 세계 창조를 거들기도 해요.

말코손바닥사슴은 헤엄을 칠 수 있어요. 6미터나 잠수해서 물속 식물을 먹기도 하지요.

84만 킬로미터가 넘는 송유관이 캐나다를 가로지르며, 매주 수백만 배럴의 석유를 퍼 올려요. 석유 시추는 환경을 해치고 마실 물을 오염시킬 수 있어요.

캐나다 왕립 기마 경찰대는 '말을 탄 사람들'이란 뜻인 '마운티즈'라고 불려요. 챙이 넓은 모자와 붉은 제복으로 유명하지요.

캐나다에서는 대부분의 농산물을 철도로 운송해요. 기차 한 칸당 실린 곡물값은 약 3천만 원 정도예요.

'살사 장치'는 열차 바퀴와 레일 가운데 모래를 뿌리는 장치예요. 선로가 눈이나 비에 젖어 미끄러울 때 바퀴가 헛돌지 않게 해 주지요.

카누와 카약은 캐나다 원주민이 발명했어요. 원래는 통나무와 동물 가죽으로 만들었지요. 이들은 다트와 시럽 기침약도 만들고, 캐나다의 국민 스포츠 중 하나인 라크로스도 발명했지요.

최근에 캐나다 원주민 부족들은 그들이 사는 땅을 가로지르는 송유관 건설을 반대하기 위해 뭉쳤어요. 원주민 보호 구역을 통과하는 기차를 막아서며 시위를 하지요.

비버는 자연의 건축가예요. 커다란 이빨로 나무를 잘라 내 댐과 수로를 만들지요. 그럼 홍수가 줄어요. 캐나다에는 한때 곰만큼 큰 비버가 있었어요! 비버 모피는 매우 비싸게 팔려서, 많은 유럽 사람들이 모피를 사고팔려고 이 나라로 왔어요.

특급 기차 여행은 계속됩니다.

세상은 철도를 따라 달리는 놀라운 모험으로 가득해요.
또 다른 기차 여행도 함께 떠나 볼까요?

통일 특급

호찌민에서 하노이까지, 남북을 잇는 철도는 베트남의 척추와도 같아요. 오랜 내전으로 부서졌다가 고친 후, 통일된 베트남을 상징하고 있지요.

북적거리는 하노이에서는 집 바로 옆에 선로가 있어요. 기차는 그 위를 덜컹거리며 바삐 달려요.

베트남

하노이

흐엉강
'흐엉'은 '향기'란 뜻이에요. 가을이면 강 상류에 있는 과수원의 꽃잎이 강물에 떨어져 향기로운 내음이 감돌아요.

하이반 패스

바다에서 솟아오르는 안개가 심해 '바다 구름 고개'라고도 불려요. 매우 아름답지만, 그만큼 위험한 곳이지요. 바위도 많고 가파르거든요.

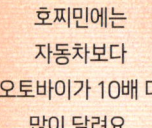

호찌민에는 자동차보다 오토바이가 10배 더 많이 달려요.

호찌민

이집트 야간열차

이집트 왕 파라오들이 밟았던 모래 위를 철커덕거리며, 이집트의 머리부터 발끝까지를 밤새 달리는 기차예요. 8000년간 이어 온 이집트 문명을 탐험하고 싶다면 이 기차가 으뜸이지요.

알렉산드리아

나일강 삼각주

이집트의 기차는 면화를 싣고 나일강 삼각주의 시장으로 달려갔어요.

알렉산드리아에는 고대의 가장 중요한 지식 보물 창고였던 도서관이 있었어요. 화재와 전쟁을 겪으며 도서관과 책들은 영원히 사라지고 말았지요.

카이로

이집트의 번화한 수도인 카이로 근처에는 4500년 전 파라오들의 무덤인 피라미드가 많이 있어요. 가장 큰 것은 쿠푸왕의 피라미드인 '대피라미드'예요. 사람의 힘으로 230만 개의 돌덩이를 쌓아 올렸지요.

이집트

나일강

룩소르는 세계에서 가장 오래된 도시 중 하나인 테베 근처에 있어요. 룩소르의 고대 유적 카르나크 신전은 우주의 창조신인 아문-라가 살았던 곳이라고 해요.

룩소르

아스완댐은 수력 발전으로 전기를 생산하고, 나일강의 흐름을 조절하여 홍수와 가뭄을 막아요.

아스완

페르피냥-바르셀로나 고속철

대서양과 지중해를 잇는 피레네산맥은 프랑스와 스페인을 나누어요. 프랑스에서 가장 높은 역으로 올라가는 작은 노란색 기차가 다니지요.

먹음직스러운 식사로 유명한 리옹부터 북적거리는 항구 도시 바르셀로나까지! 프랑스의 고속 열차 테제베(TGV)는 우뚝 솟은 피레네산맥을 쏜살같이 지나며 유럽의 두 도시를 몇 시간 안에 이어 주지요.

★ 리옹

리옹은 견직 공업으로 유명했어요. 비를 피해 비단을 옮기던 비밀 통로는 제2차 세계 대전 때 독일군에 맞서던 프랑스 저항군의 은신처가 되었지요. 세계 최초로 영화를 찍은 뤼미에르 형제의 고향이기도 해요.

프랑스

스페인의 소도시 이비아는 프랑스에 둘러싸여 있어요. 이렇게 한 나라의 일부가 다른 나라 영토로 둘러싸여 있는 곳을 고립 영토라고 해요.

안도라는 프랑스와 스페인 사이에 있는 작은 나라예요. 크기가 런던의 3분의 1도 안 돼요.

피레네산맥

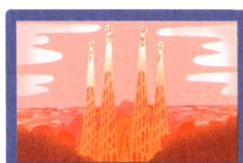

이비아

안도라

스페인

햇살이 넘치는 바르셀로나는 사그라다 파밀리아처럼 아름다운 건축물들로 유명해요. 가우디가 설계한 이 성당은 140년 넘게 짓는 중이에요.

프랑스 남부 해안

고급 소금으로 유명한 카마르그의 소금기 많은 습지에는 해마다 플라밍고(홍학)들이 모여들어요. 플라밍고는 조류와 갑각류를 주로 먹는데, 먹이 속 색소 때문에 회색 깃털이 분홍색으로 변하지요.

★ 바르셀로나

치와와-태평양 열차

로스모치스항에서 치와와로 향하는 철도는 위험한 협곡 여섯 곳을 지나요. 붉은색과 녹색의 구릿빛 절벽 때문에 '구리협곡'이라고 불리지요. 90년에 걸쳐 지은 이 노선으로, '엘체페'라고도 불리는 멕시코에서 마지막으로 운행되는 장거리 여객 열차가 다녀요.

가파른 오르막

기차는 엄청나게 높은 곳까지 구불구불 잘도 올라가요. 미국의 그랜드 캐니언보다 네 배나 크고, 깊이가 1.6킬로미터도 더 넘는 이 협곡들은 여러 강의 물살에 오랫동안 깎여 생겨났어요.

★ 오히나가

치와와

이 도시는 개 덕분에 유명해졌어요. 치와와는 세계에서 가장 작은 개 품종이에요.

엘디비사데로

엘디비사데로에는 협곡을 가로지르는 2.5킬로미터 길이의 집라인이 있어요. 최대 시속 130킬로미터로 빠르게 내려갈 수 있지요.

★ 구리협곡

로스모치스

구리협곡은 은으로 유명해요. 멕시코는 세계에서 은을 가장 많이 생산하는 나라예요.

멕시코

라라무리족은 세계에서 가장 잘 달리기로 유명해요. 쉬지 않고 300킬로미터 넘게 달린 사람들도 있다고 해요.

다음 역!

그 시절의 옛 철도부터 오늘날의 최첨단 철도까지, 신기하고 재미있는 기찻길을 찾아보세요!

지금까지 덜컹덜컹 기차를 타고 전 세계를 즐겁게 여행한 기분이 어때요? 전에는 전혀 몰랐던 멋지고 놀라운 곳들도 구석구석 알게 되었을까요?

기차 여행은 우리에게 큰 기쁨을 주지요. 하지만 눈에 띄지 않는 곳에 숨어 있는 어두운 진실도 꼭 기억해야 해요. 세계의 많은 철도는 사람들을 짓밟고 그들의 것을 빼앗기 위해 건설되었어요. 철도는 누군가에게는 큰 피해를 주었지요. 이 사실을 잊어서는 안 돼요.

오늘날까지 남아 있는 옛 철도 중에는 예전의 분위기를 여전히 즐길 수 있는 곳도 있어요. 기차 여행은 우리가 세상을 발견하고 마음을 더욱 활짝 열게 해 줘요. 결국 철도는 사람과 사람을 이어 주지요. 그러니 늘 열린 마음으로 행복하게 여행을 즐기세요.

기차는 산업 혁명을 이끌며, 이 세상의 틀을 완전히 다시 짰어요. 한때 최첨단 기술의 산물이었지요. 그러나 비행기와 자동차 여행이 점점 인기를 끌자, 승객들은 기차 여행에 등을 돌리고 말았어요.

그러나 지금은 기차가 다시 인기를 얻고 있어요. 우리는 오염 물질을 배출하는 자동차와 비행기 여행을 두고 기후 위기를 생각하게 되지요. 오늘날 대부분의 기차는 전기로 동력을 공급하며, 배기가스를 전혀 내뿜지 않고 쏜살같이 달려요.

공항에서 몇 시간씩 줄을 서는 대신 편안한 기차를 타는 여행자들이 점점 많아지고 있어요. 창밖으로 아름다운 풍경을 구경하며 이 도시에서 저 도시의 중심부로 바로 갈 수 있거든요. 전 세계에 새로운 철도 노선들이 건설되고 있어요. 신기하고 재미난 기찻길을 찾아볼 기회가 열리는 거지요. 사람들이 기차 여행의 즐거움과 친환경적 특성을 알게 될수록, 철도는 우리 곁에 영원히 남아 있을 거예요.

자, 즐겁게 여행하세요!

글 샘 세지먼
영국의 작가예요. 2021년에 「기차를 타고 모험을 떠나자」 시리즈로 브리티시 북 어워드를 받았어요.

그림 샘 브루스터
《비비시BBC》, 《뉴욕 타임스New York Times》 등에서 작업하는 영국의 일러스트레이터예요.

옮김 서남희
역사와 영문학을 공부했어요. 『세계사를 한눈에 꿰뚫는 대단한 지리』 등 수많은 책을 옮겼어요.